OEUVRE

DE

Valentin Foulquier

―

TABLEAUX, ÉTUDES, DESSINS
ESTAMPES, VIGNETTES
PLANCHES SUR CUIVRE, AVEC DROIT DE REPRODUCTION

LIVRES

Dessins anciens, Eaux-fortes et Lithographies
de BOILLY, CHARLET, SEYMOUR HADEN, RAFFET

―――

Vente du 14 Mars 1906

―――✳―――

COMMISSAIRE-PRISEUR :
Mᵉ LAIR-DUBREUIL
6, Rue de Hanovre

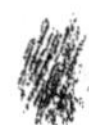

EXPERT :
JULES MEYNIAL, Libraire
Successeur de **E. Jean-Fontaine**
3o, Boulevard Haussmann
PARIS

La Vente aura lieu à Paris

HOTEL DROUOT, SALLE 8

LE 14 MARS 1906, à 2 heures précises

PAR LE MINISTÈRE DE

Mᵉ LAIR-DUBREUIL, *Commissaire-Priseur*
6, Rue de Hanovre

Assisté de JULES MEYNIAL, *Libraire*
Successeur de E. Jean-Fontaine
30, Boulevard Haussmann

MM. les Amateurs pourront visiter la Collection 30, Boulevard Haussmann, du 5 au 10 mars.

CONDITIONS DE LA VENTE

La vente sera faite au comptant.

Les acquéreurs payeront **dix pour cent** en sus des prix d'adjudications.

M. JULES MEYNIAL se réserve la faculté de diviser ou de réunir les lots. Il remplira aux conditions habituelles les commissions que voudraient bien lui confier les personnes ne pouvant assister à la vente.

VALENTIN FOULQUIER

(1822-1896)

M. Béraldi, dans son Guide de l'amateur d'estampes modernes, *Les Graveurs du XIX⁰ siècle*, publié chez L. Conquet, en 1887, fit la biographie suivante de Foulquier :

« Valentin Foulquier, dessinateur et graveur à l'eau-forte, né à Paris en 1822, apprit seul à dessiner et commença à se produire, vers 1842, par des illustrations sur bois pour la *Vie des Saints* de Delloye.

« En 1848-49, il collaborait à l'*Illustration*, mais les temps étaient durs et, pendant dix mois même, le dessinateur manqua de travail ; il eut des moments de détresse terrible, dont il rit aujourd'hui en se rappelant qu'il fut obligé d'entrer comme « teneur de livres à tout faire » dans un magasin de charbon de terre, et qu'un de ses amis lui fit obtenir une place de « demoiselle de comptoir », dans un bateau lavoir du Pont-au-Change ! (Notez que Foulquier est un parfait gentleman). Pendant ces mauvais moments, il fit de nombreux croquis d'après nature. Il se mit à l'eau-forte vers 1850.

« Par son talent très fin et distingué, Foulquier est vite arrivé à la notoriété, bien qu'une certaine réserve l'ait empêché de se lancer dans la voie des expositions et dans la poursuite des récompenses officielles.

« La maison Mame lui doit son plus grand succès auprès des bibliophiles. Sa *Collection des Chefs-d'Œuvres de la Littérature du XVII⁰ siècle*, remarquablement imprimée, ne donnait que des œuvres choisies : les illustrations de Foulquier ont fait entrer ces éditions *ad usum Delphini* dans les bibliothèques de bibliophiles.

La meilleure des illustrations de Foulquier est celle qu'il a faite pour la *Chartreuse de Parme*, en 1883 ».

V. Foulquier collabora, avec Meissonier, à l'illustration des *Contes Rémois*.

Illustra de nombreux ouvrages et publications périodiques,

pour les éditeurs Calmann-Lévy, Mame, Jouaust, Hachette, etc. La société LES AMIS DES LIVRES lui donna à illustrer l'ouvrage de Fiévée, *La Dot de Suzette*.

Dans ces grandes compositions gravées, il y a des pièces remarquables, comme *La Forge de l'Isle-Adam, l'Auberge de Jobourg, Intérieur Normand*. Les huit planches éditées par la maison Goupil, intitulées *Au bord de la mer*. Il a fait également un certain nombre de jolies petites pièces gravées.

Foulquier était un dessinateur consciencieux, inconnu du public. Il ne fut apprécié que de quelques amateurs d'estampes et surtout des bibliophiles.

ŒUVRE

DE

VALENTIN FOULQUIER

TABLEAUX

FOULQUIER

1. — La Sérénade de Pierrot.

2. — Barque de Pêche.

3. — Le Retour de la Pêche.

4. — Baigneuse.

5. — Intérieur d'Ecurie.

6. — L'Apprenti Forgeron.

7. — La Prière au Bord de la Mer.

8. — La Falaise du Bourg d'Ault.

9. — La Forge de l'Isle-Adam.

10. — Vase de Chrysanthèmes.

11. — Jeune Femme à la Colombe.

12. — Enfant de Chœur sonnant les Cloches.

13. — La Sortie de l'Eglise.

14. — Campement de Bohémiens.

15. — La Petite Gardeuse d'Oies.

16. — Trente-six Etudes peintes. (Ce lot sera divisé.)

DESSINS

FOULQUIER

17. — Quinze dessins et études au crayon.

18. — Bateaux, canots, études de gréements. 25 dessins à la mine de plomb.

19. — Paysages. 15 dessins à la mine de plomb et au crayon noir.

20. — Vues de Cayeux, Barfleur, Tourlaville, etc. 12 dessins, mine de plomb, crayon noir.

21. — Cherbourg, Cayeux, Etretat, Saint-Malo, Honfleur. 20 dessins au crayon noir.

22. — Le Dauphin et Fénélon dans le parc de Versailles. — La lecture de l'arrêt. — Etude pour la dernière vignette de la Chartreuse de Parme. — La Pêche et quatre autres dessins, 8 pièces. Mine de plomb et crayon noir.

23. — La laitière. Crayon et lavis.

24. — Une ferme. — Le retour du lavoir. 2 aquarelles signées, 1881.

25. — Sur la plage. — Au bord de la mer, un pêcheur et une pêcheuse causant. Le premier, au crayon noir, signé, octobre 1883. Le second, étude avancée, au crayon noir.

26. — Sur la falaise. — Au large. — Retour des pêcheurs. — L'Enfant de la pêcheuse. 4 dessins au crayon noir. 2 signés.

27. — La mort du pêcheur. — Cap la Hague. 2 beau dessins au crayon noir. Signés.

28 — Idylle sur la plage. Beau dessin au crayon noir. Signé.

BEDOUET (Ch.)

29. — Route de Rue au Crotoy. — Hangar de Mayoque Crotoy. — Bords de la Sedelle. — Nicolas Moreau. Chevaux halant un bateau. — Un limonier. 4 dessins au crayon noir rehaussés au pastel. 1 aquarelle. Signés.

ŒUVRES GRAVÉES

FOULQUIER

30. — Essais. Femme à son lit de mort, 2 épreuves eau-forte pure (B. 4). Femme cousant, 2 épreuves eau-forte (5). — Tête d'enfant, 3 épreuves (6). — Lecture de l'arrêt, 4 épreuves, 2 sur chine volant, avant la lettre, 2 avec lettre sur chine montées (10). — Un Tzigane fumant sa pipe V. F. 1874, 3 épreuves sur papier du Japon (17). 14 pièces.

31. — Le Dauphin et Fénélon dans le Parc de Versailles, 2 épreuves avant la lettre sur papier de Hollande (B. 18). — Mgr Guibert, archevêque de Tours, 11 épreuves, 2 eaux-fortes sur blanc et 9 épreuves terminées sur papier de Chine montées (34). — Alfred Mame, 10 épreuves en 5 états (35). — M. X..., portrait, 16 épreuves en 5 états. 39 pièces.

32. — Le Nid. 1 épreuve du premier état sur papier du Japon, 4 épreuves sur papier du Japon avec remarque. 5 pièces (B. 19). (Inédit).

33. — Le Nid. Crayon noir. Signé.

34. — La Pomme verte. 3 épreuves du 1er état, 3 épreuves du 2e état sur papier du Japon, 1 épreuve du 3e état, 1 épreuve du 4e état. 8 pièces (B. 20). (Inédit).

35. — La Pomme verte. Mine de plomb. Signé.

36. — La Promenade sous bois. 3 épreuves du 1er état, 4 épreuves du 2e état, 4 épreuves du 3e état, 3 épreuves du 4e état, 3 épreuves du 5e état. 17 pièces (B. 21) (Inédit).

37. — La promenade sous bois. Crayon noir, signé.

38. — La Forge de l'Isle-Adam. 1 épreuve du 2e état, 1 épreuve du 3e état, 3 épreuves du 4e état, 2 épreuves du 5e état, 7 épreuves du 6e état. 14 pièces (B. 22).

39. — La Forge de l'Isle-Adam. Crayon noir.

40. — L'Auberge de Jobourg. 1 épreuve des 1er, 2e et 3e état, 3 épreuves du 4e état, 11 épreuves du 5e état, 2 épreuves du 6e état, 2 épreuves du 7e état. 21 pièces (B. 24) (Inédit).

41. — L'Auberge de Jobourg. Crayon noir.

42. — Au bord de la mer. Falaise du bourg d'Ault. — Ra-

masseuse de galets. — L'Orage. — Avant-port à Cherbourg. — Chercheuses de vers. — Rentrée des Pêcheurs. — La Prière. 7 beaux dessins au crayon noir et au lavis, 1 étude à la mine de plomb pour les Chercheuses de vers. Signés.

43. — Au bord de la mer, suite complète de 8 sujets. — Une Barque. — Falaise du bourg d'Ault. — Ramasseuse de galets. — Avant-port à Cherbourg. — Chercheuses de vers. — Rentrée des pêcheurs. — La Prière. Epreuves sur parchemin avant la lettre, signature de l'artiste. 8 pièces (B. 25 à 32).

44. — Au bord de la mer, suite de 8 sujets :

1º Une Barque. 2 épreuves du 1er état, 3 épreuves du 2e état. 1 épreuve sur papier du Japon avant la lettre avec signature de Foulquier. 5 épreuves, avant la lettre, 4 sur Japon et 1 sur Hollande. 1 épreuve avec la lettre. 12 pièces ;

2º Falaise du Bourg d'Ault. 2 épreuves du 1er état, 5 épreuves du 2e état, 10 épreuves avant la lettre sur papier du Japon, une sur Hollande, 2 épreuves avec la lettre. 19 pièces ;

3º Ramasseuse de galets. 1 épreuve d'essais, 4 épreuves du 1er état, 5 épreuves du 2e état, 3 épreuves du 3e état, 6 épreuves du 4e état, 3 épreuves avec remarques sur papier du Japon, 2 épreuves sur papier du Japon avant la lettre dont une avec la signature de Foulquier, 2 épreuves avec la lettre. 26 pièces ;

4º L'Orage. 1 épreuve d'essais, 6 épreuves du 1er état, 4 épreuves du 2e état, 3 épreuves du 3e état, 7 épreuves du 4e état avec remarques, 5 sur papier du Japon, 2 sur Hollande, 2 épreuves sur papier du Japon avant la lettre dont une avec la signature de Foulquier, 2 épreuves avec la lettre. 25 pièces.

5º Avant-port à Cherbourg. 1 épreuve d'essais, 2 épreuves du 1er état, 9 épreuves du 2e état, 3 épreuves du 3e état, 3 épreuves sur papier du Japon avant la lettre, 2 épreuves avec la lettre. 20 pièces.

6º Chercheuses de vers. 3 épreuves du 1er état, 1 épreuve sur papier du Japon avec remarque, 2 épreuves avec lettre. 6 pièces.

7º Rentrée des Pêcheurs. 4 épreuves du 1er état, 5 épreuves sur papier du Japon avant la signature à la pointe, 5 épreuves sur papier du Japon avant la lettre, 2 épreuves avec lettre. 16 pièces.

8º La Prière. 2 épreuves du 1er état, 2 épreuves du 2e état sur papier du Japon, 4 épreuves sur papier du Japon avant la signature à la pointe, 4 épreuves sur papier du Japon avant la lettre, 2 épreuves avec la lettre 18 pièces.

Chefs-d'œuvre de la Littérature du XVIIe siècle
(B. 36 à 393)

45. — BOILEAU. Œuvres poétiques. Mame. Portraits en quatre états. — Satyres, 20 pl. diverses. — Art poétique, 1 pl.

— Epitre, 7 pl. — Le Lutrin, 3 série complète de 6 pl.-18 pl. — Diverses pour le Lutrin, 10 pl. Ensemble 60 planches.

46 — BOSSUET. Discours sur l'Histoire universelle. Mame. Suite complète des tirages à part, 1 portrait et 3 vignettes sur papier de Chine. Huit suites complètes et 5 pièces diverses. Ensemble 37 pièces.

47. — BOSSUET. Oraisons. Mame. Suite complète des tirages à part, le portrait en 4 états, les 6 vignettes sur papier de Chine, montées sur bristol.

47 bis. — Deux suites complètes dont une avec 3 états du portrait. — Douze pièces diverses et 4 portraits. Ensemble 30 pièces sur Chine, montées sur bristol.

48. — FÉNELON. Aventures de Télémaque, Mame. Suite complète des tirages à part des 14 vignettes sur papier de Chine. 10 Suites complètes. Plus 34 pièces diverses épreuves d'artistes, états divers. Ensemble 174 pièces.

49. — LA BRUYÈRE. Les Caractères. Mame. Suite complète des tirages à part, le portrait en 6 états et les 17 vignettes sur papier de Chine, montées sur bristol, 3 pièces en double autres états.

50. — LA FONTAINE. Fables. Mame. Suite complète des tirages à part du portrait et des 50 vignettes sur papier de Chine, montées sur bristol.

51. — MOLIÈRE. Théâtre choisi. Mame. Suite des tirages à part des 50 vignettes sur papier du Japon. Manque la vignette du 5e acte de Don Juan.

52. — La même suite sur papier de Chine montée sur bristol. Manque la vignette du 5e acte de Don Juan.

53. — La même suite sur papier velin, contient cinq vignettes du Bourgeois Gentilhomme, deux pour M. de Pourceaugnac, avec les fonds non terminés. Manque la vignette du 5e acte de Don Juan et du 3e acte des Fourberies.

54. — PASCAL. Portrait gravé par Foulquier. 11 épreuves du 3e état sur papier Whatman.

55. — SÉVIGNÉ. Lettres choisies. Mame. Suite complète des tirages à part des 18 vignettes sur papier de Chine, montées. Contient le portrait en 4 états.

56. — Chanson de Roland (La). Mame. 12 figures par Chifflart et V. Foulquier (B. 294 à 305). 1. Suite des épreuves d'essais retouchées à l'aquarelle par Chifflart, 10 pièces. —

2. Suite complète des épreuves d'essais, 12 pièces. — 3. Suite des eaux-fortes pures, 11 pièces. — 4. Suite complète épreuves terminées sur papier de Chine, montées, 12 pièces. Ensemble 45 pièces.

57. — Chanson de Roland (La). Suite de 11 figures (sur 12). Suite ayant jusqu'à 6 états, depuis l'eau-forte pure et états suivants pour la même planche. — Ensemble 37 pièces.

58. — Chanson de Roland (La). Mame. Suite complète des tirages à part des 12 figures sur papier de Chine, montées. 2 Suites complètes, 2 suites incomplètes d'une pl., et 18 pl. diverses. Ensemble 64 pièces.

59. — SAINT-PIERRE. Paul et Virginie. Jouaust. Suite complète de 4 figures de Foulquier en 4 états, à l'eau-forte pure, 1er état sur blanc, 2e état sur papier de Chine, 3e état avant toutes lettres sur papier de Chine, montées sur bristol (B. 309 à 312). Ensemble 16 pièces. La planche des eaux-fortes a une tache d'encre dans la marge.

60. — — Paul et Virginie. Jouaust. Suite complète de 4 figures de Foulquier, en double états à l'eau-forte pure et avant toutes lettres sur papier de Chine, montées sur bristol. La planche des eaux-fortes pures a une tache d'encre dans la marge.

61. — — La même suite avant toutes lettres sur papier de Chine, montées sur bristol. 3 suites complètes et une incomplète d'une planche.

62. — STENDHAL. La Chartreuse de Parme. Conquet. Suite complète des tirages à part des figures de Foulquier en deux états à l'eau-forte pure, avec la planche refusée. Les épreuves terminées avec la signature de l'artiste à la pointe, sur papier de Chine, montées sur bristol (B. 313 à 344).

63. — NAVARRE. Sous la Charmille. 1886. Sept eaux-fortes inédites de Foulquier, en 5 états (B. 353-359). La suite moins une vignette, 3 états, l'eau-forte, le 1er et le 2e état (une pl. en 6 états), 21 figures. La suite complète sur papier du Japon et sur papier de Hollande. Ensemble 35 pièces. Suite inédite non mise dans le commerce.

64. — BERALDI. Les Graveurs du XIXe siècle. Conquet, 1885-92. Les frontispices du tome III, gravé par Bracquemond, épreuve sur papier de Hollande avant le nom de l'artiste. — Du tome IV, gravé par Buhot, épreuve sur papier de Hollande avec encadrement de pochades à l'eau-forte, effacé pour le tirage difinitif. La planche de Giacomelli à l'état d'eau-forte sur papier du Japon. — Du tome VI, gravé par Foulquier à l'état d'eau-forte sur papier du Japon et de Hollande. Avant toutes lettres sur les mêmes papiers et avec lettre sur papier du Japon. 8 pièces.

65. — MICHELET. Thérèse et Marianne. Conquet. Suite complète des tirages à part du frontispice en 4 états, des deux portraits en 5 états, des 6 figures et des 2 culs-de-lampe de Foulquier en 4 états (sauf une figure en 3 états), sur papier velin du Marais. Ensemble 45 pièces.

66. — FIÉVÉE. La Dot de Suzette. Imprimé pour les amis des livres, 1892. Suite complète des tirages à part du portrait et des 6 figures de Foulquier sur papier de Hollande. Nous y ajoutons la suite complète des eaux-fortes et 18 pièces d'états.

67. — La Terrasse. 1er état, 4 épreuves. 2e état, 5 épreuves. 3e état, 4 épreuves, dont une sur papier du Japon. 13 pièces (Inédit). Nous y avons joint le dessin de cette pièce.

68. — La Fille du jardinier. 2 épreuves du 1er état, 3 épreuves du 2e état, dont une sur Japon, 4 épreuves du 3e état, 2 épreuves du 4e état, 3 épreuves du 5e état, sur papier du Japon. 14 pièces (Inédit).

69. — La Fille du jardinier. Crayon noir. Signé.

70. — La Berceuse, intérieur normand. 1er état, 2 épreuves, dont une avec notes au crayon. 2e état, 1 épreuve. 3e état, 1 épreuve. 4 pièces (Inédit).

CUIVRES DES PLANCHES

DE V. FOULQUIER

Nota. — Le droit de reproduction sera vendu avec les planches, sauf pour les numéros 72 et 84.

71. — Portrait de Corneille. Sur la même planche, étude pour les Porteuses de galets. Haut. 14 c., larg. 11 c. — Haut. 10 c., larg. 7 c.

72. — Jésus-Christ. — Les Saules. — Le Lutrin. — La Rivière. — Cavalier et Servante et trois autres planches. 8 planches.

73. — Tête d'enfant. — Lecture de l'arrêt. — Le Juge seul, lisant l'arrêt. — Un Tzigane fumant sa pipe. — Le Dauphin et Fénelon dans le parc de Versailles. 5 planches.

74. — Type de pêcheuse. — Porteuse de galets — Petite pêcheuse. — Adresse de Foulquier à l'Isle-Adam. — Retour du marché. — Petite fille lisant. — La nourrice. 7 planches.

75. — Le Nid. — La Pomme verte (Inédites). Haut. 45 c., larg., 36 c.

76. — Bergère et moutons (Inédit). Haut. 49 c., larg. 36 c.

77. — La Promenade sous bois (Inédit). Haut. 45 c. 1/2, larg. 36 c.

78. — La Terrasse (Inédit). Haut. 43 c , larg. 36 c.

79. — La Fille du jardinier (Inédit). Haut. 50 c., larg. 39 c.

80. — La Berceuse, intérieur normand (Inédit). Haut 43 c. 1/2, larg. 35 c.

81. — L'Auberge de Jobourg. — Larg. 30 c , Haut. 19 c.

82. — La Forge de l'Isle-Adam. Larg. 42 c., Haut. 28 c.

83. — Incroyable feuilletant un volume dans les boîtes sur le parapet du quai; au fond deux autres personnages. Avec cette inscription sur le cuivre : En souvenir de l'illustration de la Dot de Suzette, V. Foulquier (Inédit). Haut. 73 m/m., larg. 55 m/m.

84. — Les contes Rémois, du comte de Chevigné. Huit planches dont trois d'après Meissonier et cinq de Foulquier. Pour les contes suivants : Le Berceau, Le Bon docteur, Le Pouvoir d'une femme, Le Mari pris à mentir, La Niaise, Chacun son droit, L'Oncle et ses deux nièces, Le Colin maillard assis.

ESTAMPES

BOILLY (d'après L.)

85. Ire Scène de voleurs. — IIe Scène de voleurs. Deux pièces faisant pendants, gravées en couleur par Gror. Belles épreuves.

BOULARD (A.)

86. Eaux fortes. 28 pièces. Belles épreuves.

CHARLET

87. Essais d'eau-forte. — No 1. Vieillard assis appuyé contre un tronc d'arbre. — No 2. Un vieillard la figure riante tient un cheval par son licol et le conduit vers un abreuvoir, au bas, à gauche, Charlet, 1828. — Même sujet que ci-dessus, l'homme qui tient le cheval est coiffé d'un chapeau et vue de dos. — Homme assis sur un banc de pierre, il est coiffé d'un chapeau rond et tient dans sa main droite un bâton. 4 pièces (La Combe, page 46).

CHIFFLART (F.)

88. Improvisations sur cuivre. Cadart et Luquet, éditeurs. Couverture, titre et 17 planches.

DAUBIGNY

89. Deux pièces. — Ch. Jacques, 29 pièces. Ensemble, 31 pièces.

GAVARNI

90. Lithographies pour la Revue et Gazette musicale, 1844. Suites complètes. Musiciens comiques et pittoresques. 28 planches. — Physionomies de chanteurs. 17 planches. — Et 7 lithographies diverses sur la musique.

HADEN (Francis-Seymour)

91. Arthur Haden enfant. April 1858. 2ᵉ état (Burty. 4). — Fulham on the Thames. Etat non décrit par Burty. Cette dernière planche n'a pas d'autre inscription que celle ci-dessus. Les nouveaux troncs d'arbres et les maisons à gauche des peupliers du premier plan, ainsi que deux troncs d'arbres à droite ont été esquissés légèrement à la pointe.

HADEN

92. La Tamise à Battersea. Une des premières épreuves ne porte pas le titre ci-dessus. Seulement en haut à gauche : Old Chelsea Seymour Haden 1863. Au-dessous : Out of Whissler's Window. Epreuve sur papier du Japon.

JOHANNOT

93. Goethe. Werther. 9 figures (sur 10), épreuves avant la lettre sur papier de Chine. 8 figures doubles. 12 figures diverses. — 6 figures de Milius pour Fortunio, de Th. Gautier, publ. par les amis des livres, épreuves d'états. Ensemble 35 pièces.

KLEIN (J.-A)

94. Ungarischer Schiffzug, 1812. — Ungarischer Fuhrwerk nach der natur, 1812. — Russischer Fuhrmann. 3 pièces.

RAFFET

95. Retraite du bataillon sacré à Waterloo (80). Belle épreuve du premier tirage sur blanc, grandes marges.

RAFFET

96. Combat d'Oued-Alleg (82). Belle épreuve sur papier de Chine court, à toutes marges.

RAFFET

97. Le Réveil, 1848 (85). Belle épreuve du 3e état.

RAFFET

98. Album 1832, pl. 2, La Poursuite, — pl. 6, Vive la République, 1793. — Album, 1834, pl. 11, Dernière charge des lanciers rouges à Waterloo. — Le drapeau du 17e léger. Quatre pièces.

RAFFET

99. Siège de la citadelle d'Anvers, 2 pièces. — Siège de Constantine, 3 pièces. — Siège de Rome, A. Bry, 8 pièces. — Voyage dans la Russie méridionale, 7 pièces. Ensemble 20 pièces.

REMBRANDT

100. Portrait de Rembrandt à la toque ornée d'une plume (D. 20). — La Fuite en Egypte (effet de nuit) (D. 58). — Vieillard à la barbe pointue (311). 3 pièces. — Ostade, 3 pièces. Ensemble 6 pièces.

101. Sous ce numéro il sera vendu par lots un certain nombre d'estampes.

LIVRES

102. ART (L') pour tous. Encyclopédie de l'art industriel et décoratif. Paris, Morel, 1861 à 1865. 5 premières années, in-fol., fig., cart.

103. BEATTIE (W.). The Danube. Illustrated in a series of views taken Expressly for this work by H. Bartlett. London 1845, in-4, nombr. pl. gr. sur acier, cart. toile.

104. BERALDI (Henri). 1865-1885. Bibliothèque d'un bi-
bliophile. Lille, Danel, 1884, in-8. Portrait de M. E. Paillet,
grav. par Abot, ajouté, broch.

105. BERALDI. Les graveurs du xixe siècle, guide de l'amateur d'estampes modernes. Paris, Conquet, 1885-1892. 12 vol.
in-8, 38 frontispices, broch.

106. BLANC (Charles). L'Œuvre complet de Rembrandt
décrit et commenté. Catalogue raisonné de toutes les eaux-
fortes du maître. Paris, Guérin, s. d., fig., br. — Giacomelli
Raffet, son œuvre lithographique et ses eaux-fortes. Paris, 1862,
fig., demi-rel. chag. vert. Ensemble 3 vol. in-8.

107. BOILEAU. Œuvres poétiques avec des notices par
M. Poujoulat. Portrait et 20 eaux-fortes de Foulquier. Tours,
Mame, 1870, gr. in-8, br.

Exemplaire sur grand papier vergé. Avec le portrait en 4 états, la suite
des tirages à part sur papier de Chine, montées Manque les vignettes des
Satyres VIII et XII.

108. BOSSUET. Discours sur l'histoire universelle, portrait et 3 vignettes à l'eau-forte par Foulquier. Tours, Mame,
1870, gr. in-8, br.

Exemplaire sur grand papier vergé. Avec la suite complète des tirages à
part. Le portrait en 2 états, les vignettes sur papier de Chine, montées sur
bristol.

109. — Discours sur l'histoire universelle. Tours, Mame,
1870, fig. de Foulquier, gr. in-8, br.

Avec la suite complète des tirages à part, sur papier de Chine.

110 — Oraisons funèbres. Portrait et 6 vignettes gr. à
l'eau-forte par Foulquier. Tours, Mame, 1869, gr. in-8, br.

Exemplaire sur grand papier vergé. Avec la suite complète des tirages à
part, le portrait en 5 états et les vignettes sur papier de Chine, montées sur
bristol, plus 2 pl. double tiré sur papier velin.

111. CERVANTÈS. L'ingénieux Hidalgo Don Quichotte,
de la Manche. Trad. L. Viardot avec les dessins de Gustave
Doré, grav. par Pisan. Paris, Hachette 1863. 2 vol. in-fol.,
demi-rel. chag. grenat, plats toiles.

112. CHEVIGNÉ. Les contes rémois, par le comte de C....
dessins de E. Meissonier. Troisième édition. Paris, Michel
Lévy, 1858, in-12, fig., chag. brun, fil. à froid, dos orné, dent.
inter., tr. dor. (Lenègre).

Cet exemplaire contient les portraits du comte de Chevigné et de M. de
Lavalette, sur papier de Chine. Le tirage à part des 36 figures de Meissonier et des 7 figures de Foulquier sur papier de Chine. Cette suite est rare.

113. CHEVIGNÉ (Comte de). Les contes rémois. Neuvième édition. Paris, Librairie des Bibliophiles, 1871, in-24, br.

L'un des 3o exemplaires sur papier de Chine. Première édition complète. Envoi d. comte de Chevigné à V. Foulquier.

114. CORNEILLE (P.). Théâtre choisi, notice par Poujoulat. 25 sujets et un portrait à l'eau-forte, par V. Foulquier, compositions de Barrias et de V. Foulquier. Tours, Mame, 1880, gr. in-8, br.

Exemplaire sur grand papier vergé. Avec les tirages à part de Cinna, Polyeucte et du Menteur en deux états sur papier de Chine volant et sur papier de Hollande. 3o pièces.

115. CORNEILLE. Théâtre choisi. 25 sujets et un portrait à l'eau-forte par V. Foulquier, compositions de Barrias et de Foulquier. Tours, Mame, 1880, gr. in-8, br.

Avec les tirages à part de Cinna, Polyeucte et du Menteur en deux états sur papier de Chine volant et sur papier de Hollande. 3o pièces.

116. FABRE (Ferdinand). L'Abbé Tigrane candidat à la Papauté. Un portrait d'après J.-P. Laurens et vingt eaux-fortes originales de E. Rudaux. Paris, Conquet, 1890, in-8, br.

Exemplaire sur papier du Japon.

117. FÉNÉLON. Aventures de Télémaque suivies des Aventures d'Aristonoüs Quatorze gravures à l'eau-forte par V. Foulquier. Tours, Mame, 1873, gr. in-8, br.

Exemplaire sur grand papier vergé. Avec les tirages à part du frontispice en 4 états, les 13 vignettes sur papier Chine, plus 16 planches d'états sur blanc pour 10 vignettes.

118. — Aventures de Télémaque. Quatorze gravures à l'eau-forte par V. Foulquier. Tours, Mame, 1873, gr. in-8, br.

Avec les tirages à part des vignettes sur papier de Chine.

119. FIÉVÉE (Joseph). La dot de Suzette avec notice biographique inédite, illustrations par V. Foulquier. Paris, imprimé pour les amis des livres, par Chamerot et Renouard, 1892, petit in-8, mar. bleu. fil. dos orné, dent. inter., non rogn., couv. cons. (Carayon).

Ouvrage tiré à 115 exemplaires avec les illustrations de Foulquier en 3 états; eau-forte pure, avant la lettre et dans le texte.

120. GAUTIER (Théophile). Mademoiselle de Maupin. Double amour. Réimpression textuelle de l'édition originale, Notice bibliographique par Charles de Lovenjoul. Paris, Conquet, 1883, 2 vol. in-8, br.

Exemplaire sur papier du Japon avec deux états du portrait avant la lettres, avec remarque et avec la lettre, et le tirage des deux vignettes des titres.

121. HADEN (F. Seymour). Etudes à l'eau-forte. Notice et descriptions, par Philippe Burty. Paris, 1876, in-fol., fig. et 25 planches hors texte, en feuilles dans un carton.

122. LA BRUYÈRE. Les caractères de Théophraste et de La Bruyère, avec des notes, par M. Coste. Paris, Hochereau, 1765, in-4, portr , veau.

123. — Les caractères, avec dix-huit gravures à l'eau-forte, par V. Foulquier. Tours, Mame, 1867, gr. in-8, br.

Exemplaire sur grand papier vergé, avec les tirages à part, 11 portraits en 7 états, les 17 vignettes sur papier de Chine montées sur bristol. Plus 4 vignettes double d'un autre état.

124. LA FONTAINE. Fables. Notices par Poujoulat. Cinquante gravures et un portrait à l'eau-forte, par V. Foulquier. Tours, Mame, 1875, gr. in-8, br.

Exemplaire sur grand papier vergé, avec une double suite des tirages à part du portrait et des 50 figures, l'une sur papier vergé, l'autre sur papier de Chine montée sur bristol.

125. LEGOUVÉ. Le Mérite des femmes et autres poésies. Paris, Janet, 1828, in-8, mar. rouge, fil. et fer à la cathédrale à froid, initiales dor. au centre, dos orné, dent. intér., tr. dor. (*Bibolet*).

126. MICHELET (J.). L'Oiseau. Huitième édition illustrée de 210 vignettes sur bois dessinées par H. Giacomelli. Paris, Hachette, 1867, gr. in-8, br.

Premier tirage des illustrations de Giacomelli.

127. MILTON. Le Paradis perdu, traduction de Chateaubriand. Précédé de réflexions sur la vie et les écrits de Milton, par Lamartine. Paris, Rigaud, 1863, in-fol., 25 estampes sur acier, demi-rel. chag. brun, dos et coins, tête dor. ébarbé.

128. MOLIÈRE. Théâtre choisi, avec une notice de Poujoulat. Cinquante eaux-fortes par Foulquier. Tours, Mame, 1878, 2 vol. gr. in-8, br.

Exemplaire sur grand papier vergé, avec une double suite des tirages à part des 50 figures, l'une sur papier du Japon, l'autre sur papier de Chine montée sur bristol. Manque dans chaque suite la vignette du 5e acte de Don Juan.

129. — Théâtre choisi, avec une notice de Poujoulat. Cinquante eaux-fortes par Foulquier. Tours, Mame, 1878, 2 vol. in-8, br.

130. MORIN (Louis). Les Cousettes, physiologie des couturières de Paris. Vingt et une compositions dessinées et gravées à la pointe sèche par Henry Somm. Paris, Conquet, 1895, in-8, fig., br.

Exemplaire sur papier du Japon.

131. OLD NICK et GRANDVILLE. Petite misères de la vie humaine. Paris, Fournier, 1843, in-8, fig., demi chagr. noir.

Premier tirage.

132 PASCAL. Pensées publiées d'après le texte authentique et le seul vrai plan de l'auteur, par V. Rocher. Tours, Mame, 1873, gr. in-8, portr., br.

Exemplaire sur grand papier vergé, avec neuf portraits de Pascal à l'eau-forte pure, un 2e état et sept 3e état sur différents papiers.

133. — Pensées. Tours, Mame, 1873, in-8, portr., br.

Avec neuf portraits de Pascal, à l'eau forte pure, un 2e état et sept 3e état, sur différents papiers.

134. POITOU (Eugène). Voyage en Espagne, illustration par V. Foulquier. Tours, Mame, 1869, in-8, demi-rel. mar. brun, dos et coins, tête dor.

135. PORTALIS (Baron Roger). Les dessinateurs d'illustrations au dix-huitième siècle. Paris, Morgand, 1877, 2 vol. in-8. br.

Envoi de V. Foulquier. Hommage de ses bien dévoués grands admirateurs de son talent. Morgand et Fatout.

136. RACINE. Théâtre. Quarante-six sujets et un portrait gravés à l'eau-forte par V. Foulquier. Compositions de Barrias et V. Foulquier. Tours, Mame, 1876, 2 vol. gr. in-8, br.

Exemplaire sur grand papier vergé, avec 38 photographies des compositions de Barrias.

137. SÉVIGNÉ (Madame de). Lettres choisies. Notice par Poujoulat, 18 eaux-fortes par Foulquier. Tours, Mame, 1871, gr. in-8, br.

Exemplaire sur grand papier vergé, avec les tirages à part du portrait en 4 états et des 17 vignettes sur papier de Chine montée.

138. STENDHAL. La Chartreuse de Parme. Réimpression textuelle de l'édition originale illustrée de 32 eaux-fortes, par V. Foulquier. Préface de Francisque Sarcey. Paris, Conquet, 1883, 2 vol. in-8, et album in-4, fig., demi-rel. maroq. grenat, dos et coins, non rogné, couv. (*Champs*).

Exemplaire sur papier du Japon contenant deux couvertures, l'une rose, l'autre bleu, le frontispice en 3 états et les 31 figures en 4 états, dont l'eau-forte pure et une figure refusée.
L'Album des tirages à part sur papier de Hollande in-4, former par Foulquier, contient 105 pièces dont la suite complète et la planche refusée à l'eau-forte pure. Certaines planches ayant depuis deux jusqu'à cinq états.

139. — La Chartreuse de Parme. Réimpression textuelle de l'édition originale, illustrée de 32 eaux-fortes par V. Foulquier. Préface de Francisque Sarcey. Paris, Conquet, 1883, 2 vol. in-8, fig., br.

140. — Le rouge et le noir. Réimpression textuelle de l'édition originale, illustrée de 80 eaux-fortes, par H. Dubouchet. Préface de Léon Chapron. Paris, Conquet, 1884, 3 vol. in-8, fig., br.

Exemplaire sur papier du Japon avec deux états des eaux-fortes dont le tirage à part.

141. Sous ce numéro il sera vendu par lots quelques volumes non catalogués.

142. Descente de Croix. Crayon noir. L. 217 m/m. H. 200 m/m.

143. Ecole française. Lavis et plume. H. 255 m/m. L. 170 m/m.

144. VAN DE VELDE. Marine. Dessin à la plume. H. 93 m/m. L. 143 m/m.